諷 詩 調·27

2013년 1월

박진환 제45시집

지성·감성의 메타언어
조선문학시인선·342

諷 詩 調·27

2013년 1월

조선문학사

■ 책머리에

諷詩調는 악에 감행하는 통징의 미학이다

諷詩調는 부정 · 부패 · 비리 · 부조리 등 온갖 악에 감행하는 비아냥 · 조소 · 깎아내리기 · 헐뜯기 · 비판 · 고발하기 등 악을 징벌, 카타르시스를 체험하게 하는 순수한 통징의 미학이자 복수의 미학이다.

2013년 初夏

박 진 환

박진환 제45시집 / 諷詩調 · 27

2013년 1월

차례

지옥행은 면한 셈

청문회에 나갔던 어느 법관 청문회를 염라대왕 같다 했다던가?
죄 지은 것 없으면 잘못 왔다고 되레 염라대왕도 쫓아내
저승사자들 만날 일 없으니 지옥행은 면한 셈, 감투보다 그게 낫지

천당 추천카드 내밀거든

청문회를 염라대왕과 같다고 했다던데? 허면 뭐야?
청문회를 지옥에서 벌이는 저승사자들의 입씨름으로 본건가
헌데 말씀이야, 죄 없으면 염라대왕도 천당 추천카드 내밀거든

좋아할 일 못 되구먼

어린이 · 노인복지연금, 돈은 어디서 나오나? 국민 세금이지
허면 아이들은 아빠엄마, 노인들은 자식들 주머니돈 쓸 게 아닌가?
좋아할 일 못 되구먼

친서도 보낼 텐데

청문회가 염라대왕이면 어떻고 저승사자면 어떻나
죄진 일 없으면 잡아가지도 불덩이 지옥으로 보내지 못하거든
그뿐인가, 백성위해 써달라고 옥황상제에게 친서도 보낼 텐데

꼼·노림수지

일본, 미 피침시 자위권 발동 운운, 군국주의 망령 아닐까?
아니지, 거꾸로 풀면 일 피침시 미 개입 노리는 꼼수지
섬것들, 섬 두고 전쟁 일면 미 등에 업으려는 꼼·노림수지

핵 공갈 갈공막대처럼 휘두르거든

늙은이 지팡이를 갈공막대라고 하지, 휘둘러봤자거든
일테면 갈공 거꾸로 공갈이란 뜻인데 북이 딱 그러데
젊은분이 갈공막대 휘두르듯 핵 공갈 갈공막대처럼 휘두르거든

청문회 눈금이 그래

정치적 함량은 다음이고, 도덕적 함량이 먼저야
정치적 함량 높을수록 도덕적 함량은 낮거든
어찌하여 낮은 것이 높은 것을 넘어뜨리는지, 청문회 눈금이 그래

국민이거든

52%와 48%면 비슷비슷한 프로테이지, 헌데
4%의 힘이 능히 산을 뽑아 올릴만한 힘이 되거든
역발신기개세, 그 힘의 주인공은 개인 아닌 국민이거든

예보권 밖

중 무역총액 미를 앞질러 경제빛깔 장밋빛에 경제기상 맑음 미는 흐리다 맑음이고 일은 맑은 기미가 없는 흐림 예보던데 예보자 시계 밖 코리아의 기상은 기류형성도 안된 예보권 밖

건위를 자랑하는 양심

오염돼 썩고 상한 걸 먹으면 이내 토해내는 위의 정직
더럽고 추해 역하면 이내 뒤틀리는 비위의 정직에 비해
부정 · 부패 · 수뢰 포식하고도 트림 뱉어내며 건위를 자랑하는 양심

상표 없는 화장품

먹고 싸고, 싸고 먹고, 먹으면 싸고 싸면 구리고 더럽지
구린내 닦아내고 더러움 감추기 위해 처바른
양심 · 도덕 · 영혼이란 상표 없는 화장품

짐승이 인간이거든

인간은 누구나 사자도 · 호랑이도 · 치타도 · 하이에나도 된다
개도 되고 개만도 못한 놈도 되고 개새끼도 된다
약육강식의 세상, 사람이란 이름의 짐승이 인간이거든

설

설설 기는 놈들, 눈치 보느라 사시 못 면하고
설설설 기는 놈들 무릎걸음으로 병신 못 면하고
설설설설 기는 놈들 병신만도 못한 굽은 허리 못 펴고

검정의 두께가 보였다

세상의 검정 눈에 들어올 무렵에야 머리가 희어졌음을 알았다
휠수록 검게 보이고 검게 보일수록 머리는 희었다
세상 보는 눈은 白目인데 비로소 검정의 두께가 보였다

허허 참

손주놈이 할애빌 그렸는데 온통 머리에 황금색을 덧칠했다
저 녀석이 내 머리에 왕관이라도 씌우려나? 싶었는데
웬걸, 동취 못 면한 머릿속 황금 꿈을 그려낸 게야, 허허 참

겨울은 꽃이다

겨울을 정의해 꽃이라 하면 미친놈 취급 못 면한다
봄은 꽃이요, 겨울은 봄을 꿈꾸는 계절이니 꽃이 틀린 말도 아니다
정작 미친놈은 겨울을 꽃으로 볼 줄 모르는 놈이란 사실이다

북핵 두 수단 다일 듯싶어서

북핵 실험, 세계가 부정 반응, 그만큼 평화를 사랑함 때문일 듯
전쟁의 준비는 평화를 지키는 가장 유효한 수단의 하나라던데
전쟁준비일까? 평화 위한 힘일까? 북핵 두 수단 다일 듯싶어서

진짜 불바다 못 면할 텐데

불바다, 피바다는 북녘이 즐겨쓰는 전매특허품 주어
핵실험 즐기다 지진 일어 백두산 화산이라도 폭발하면
말이 씨 된다고 진짜 불바다 못 면할 텐데

蛇退도 결행한 辭退

헌재소장 지명자 사퇴, 사태파악 잘했던들 면했을 사퇴
허나, 사퇴와 사태는 동항렬 형제뻘, 떼려야 뗄 수 없는 혈연
그나마 다행한 건 사자돌림 허물 蛇退 벗고 결행한 辭退

부도옹 북녘

정글의 법칙을 지키지 아니한 짐승은 살아남지 못하고 죽는다
유엔의 법칙을 지키지 않고 거스르는 나라도 매한가지다
헌데, 아무리 짓밟아도 죽지 않고 일어서는 부도옹 북녘

※ 부도옹(不倒翁) : 오뚝이

이를 증언해주고 있어

한 하늘아래 두 태양이 존재할 수 없다는 옛분들 말씀
유효기간이 없는지 오늘날에도 딱 맞는 명언
읽어봐, 한반도의 천년 역사가 이를 증언해주고 있어

몰라, 중국에게 물어봐

북 3차 핵실험, 세계 비난여론 비등하자 4, 5차 실험 꺼내들어
맞불작전으로 맞붙자 이거지?
하나님, 이럴 땐 어찌하면 좋을까요? 몰라, 중국에게 물어봐

써보지도 못하고 끝나서

MB, 북핵 대화로는 풀지 못한다고 정치소신 피력하던데
대화로 못 풀면 힘으로 푼다는 뜻, 북이 바라던 바 아니던가
딱 맞아떨어지긴 했는데, 어쩐다 그 힘 써보지도 못하고 끝나서

현대판 돈키호테 병법

칼은 칼로, 창은 창으로, 불은 불로 맞붙은 싸움, 무슨 병법이냐고?
싸우면 이겨야 하는 건데 손자병법도 안 통하는
이름하여 북녘의 현대판 돈키호테의 병법

부전자전

북, 무모한 건가? 철이 없는 건가? 세상모르는 건가? 만용인가?
찍을수록 답보다 늘어나는 의문부, 정답은 없는 걸까?
없긴, 120%짜리 정답이 있지, 부전자전

꼴에 꼴값하니 꼬레지

북, 핵테러국 재지정 되면 핵놀음 더 즐길 텐데 어쩌지?
남과 북 한 혈통 한 형제가 아니던가
꼴이 이 지경이니 꼴값할밖에, 꼴에 꼴값하니 꼬레지

핵 원리구나

북 3차 핵실험 성공, 죽는 길 택했다고 보는 우리완 달리
그것만이 살길이라고 믿는, 핵이 생명인 북녘
각자도생이라더니 삶도 되고 죽음도 되는 이치가 핵 원리구나

※ 각자도생(各自圖生) : 제각기 살아갈 방도를 꾀한다는 뜻.

북이 쥐고 있거든

북 핵실험 후 육·해·공 불바다에 맞불작전 포구마다 불 뿜던데
핵에 비하면 장난감 병정놀이
정작 핵 불버튼은 북이 쥐고 있거든

핵 원리거든

북의 핵 원리 놓고 우라늄·플루토늄 운운 궁금증 못 면하던데
진짜 원리는 우리의 보기론 죽음, 그들 생각으론 삶이 되는
삶도 되고 죽음도 되는 북녘만이 가지고 있는 비법이 핵 원리거든

언행은 일치해야지

북녘 주어 핵, 술어는 필요 없어, 핵이 곧 언어이고 행동이거든
언행일치가 어디 그리 밥 먹듯 쉬운 것이던가
암, 밥은 못 먹어도 언행은 일치해야지, 핵 돌겄네

우리들 모습인 것을

현대의 주어인 물신

물신시대에 정신 차리고 산다는 삶의 정도가 되레 미로가 돼버린

미로에서 향방 잃고 방황하는 군상이 우리들 모습인 것을

털어서 먼지 안 난 사람 있던가

추호불범이란 옛분들 말씀 귀한 덕담이긴헌데
물신시대엔 먹히지도 통하지도 않는 순 구식이거든
잘난 사람치고, 청문회가 말해주듯 털어서 먼지 안 난 사람 있던가

※ 추호불범(秋毫不犯) : 매우 청렴하여 남의 것을 조금도 건드리지 않음을 이름.

삿대질 할 일이지

구전문사에 눈이 어두웠다고 손가락질 할 일이던가
세상이 어디 가진 것 없이 맨손 맨몸으로 할 수 있는 게 있던가
대의보다 이욕이 먼저인 세상 향해 삿대질 할 일이지

※ 구전문사(求田問舍) : 자기의 논밭, 가옥 따위 재산만 안다는 뜻으로 일신상의 이익만 안다는 말.

신의 선물이다

인간은 성의 노예이자 지배자다
노예와 지배자의 두 경계가 무너지는 곳에서 탄생하는 남과 여
쾌락은 남과 여에게 공평하게 나누어준 신의 선물이다

개똥만도 못한 최최고여서

OECD국가 중 자살율 최고는 저리 가라여
노인 자살율 세계 최고가 코리언이거든
어떻든 최고인 것만은 사실이나 개똥만도 못한 최최고여서

마음속 어둠부터 밝혀볼 일이다

해돋이 · 해넘이 즐기며 제구포신 송구영신 해쌌던데
하늘에 먹구름 끼면 정동진 · 정서진 · 정남진 있어봤자 말짱 헛것
조용히 심지 하나 불밝혀 마음속 어둠부터 밝혀볼 일이다

※ 제구포신(除旧布新) : 낡은걸 버리고 새것을 펼친단 뜻.

꼴찌 꼬레

최고의 상태는 최하의 상태에서 생긴다던데
OECD국 중 자살율 최고에, 노인 자살율 또한 세계 최고라니
역시 최하의 상태 못 면하는 꼴찌 꼬레

텃자리가 다른가봐

사형대로 끌려가는 죄인의 기분, 생애 최고의 비참한 시절
고급노예시절 등은 미대통령 워싱턴, 애덤스, 잭슨의 회고담인데
MB는 영광된 시절이었다니 백악관과 청와대는 텃자리가 다른가봐

역사거든

대통령 시절이 노예생활이었건, 비참한 시절이었건
또는 영광의 생활이었건 심판은 역사의 몫, 괴테의 말을 빌면
진실과 허위, 확실과 불확실, 의문과 부인을 구별함이 역사거든

취사몽생

소포클레스 왈, 늙어가는 이만큼 인생을 사랑하는 이는 없다고
헌데 코리아의 노인들은 어찌해서 인생을 등지는 것일까
노인 자살율 한국이 세계 최고, 취사몽생 즐김일까, 못 깨어남일까

※ 취사몽생(醉死夢生) : 아무 하는 일 없이 평생을 흐리멍덩하게 살아감.

어찌 강과 산의 덕을 따르랴

길이로 말하는 강은 길게 누워 뻗어야 강답고

높이로 말하는 산은 자락 말아 올려 높아야 산답다

길이, 높이 잴수도, 알수도 없는 한갓 인간을 어찌 강과 산의 덕에 견주랴

제발, 제발

청비서진 成大, 成大, 成大, 成大, 聖代 조짐인가?
아니면 거꾸로 大成, 大成, 大成, 大成, 大盛 조심인가?
헌데 세상일은 聖代나 大盛, 말과 같지 않은 법이어서

신뢰 하락

정권교체기 틈타 은근슬쩍, 내놓고, 체면몰수하고
물가, 공공요금 뛰어오르고, 인맥 · 학맥 · 지맥 좇아 기어오르고
다투어 오르는 판에 떨어지는 것도 있지, 뭔데? 신뢰 하락

인기와 신뢰도는 떨어져서

오르는 것이 있으면 떨어지는 것도 있기 마련
정권교체 틈타 인맥·지맥·학맥 좇아 기어오르기에 다투어
공공요금·물가 따라 오르기, 허나 인기와 신뢰도는 떨어져서

靑史에 남겨질까

취임식에 맞춰 작동된 MB시계, 2013. 2. 22일 5년 만에 작동 정지
영광이었다는 시간도, 고통이었다는 시간도 함께 접어 넘겨진
역사의 페이지엔 과연 몇 줄의 기록이 靑史에 새겨져 남겨질까?

속대발광욕대규여

봄 되자 도지기 시작한 알러지 비염에 주체 못하는 콧물·재채기
의사 왈 그러려니 하라니 코는 그렇다치고, 무슨 못볼 것 못들을 것
듣고 보고 했다고 눈·귀 가려움증은 속대발광욕대규여

※ 속대발광욕대규(束帶發狂欲大叫) : 관 쓰고 띠 둘러 답답함을 못 견뎌 미치겠다고 큰 소리로 외쳐보고 싶다는 뜻.

내림이거든

경제민주화 후퇴 두고 언행불일치라고들 꼬집던데
민주화 후퇴가 어디 어제오늘의 일이던가?
옛날에도 그랬고 앞으로도 안 그런단 보장 없어, 내림이거든

달구지 걸음 못 면한 걸

새정부 지각출범 두고 폐쇄·수직·경직적 리더십 때문이라던데

왕 모르시는 말씀, 정부출범만 늦은 게 아녀

말몰이 해도 뒤떨어질 경제민주화도 달구지 걸음 못 면한 걸

우길 판이여

일 다케시마날 맞아 일 차관보란 분 왈
한국이 왈가왈부할 일 아니라고? 쪽발이 게다 끄는 소리 하질 말어
한국이 안 가르쳐주면 하와이나 호주도 일본 거라 우길 판이여

명코 중 명코거든

알레르기 비염앓이 내 코를 두고 무슨 놈의 코가 그러냐고?
모르시는 말씀, 이래봬도 못 맡는 게 없는 구비거든
그 중에서도 도사급 전매특허 동취 맡는 후각은 명코 중 명코거든

※ 구비(狗鼻) : 들창코를 달리 이르는 말로 개코같다는 뜻.

먹구름 짙어서

새정부 지켜보는 눈엔 우려 · 근심 · 의심 · 회의에서
불안 · 불신 · 불만의 안질기가 완연하다
이 안질 거두려면 광명천지여야 하는데 여야간엔 먹구름 짙어서

짜고 치는 고스톱이다

출근 기다렸다는 듯이 들어온 FAX, 내용인즉 싼이자돈 쓰란다

남아돌아가는 돈 놓고 돈 먹자는 게임인데, 게임이라는 게

매번 빌어쓴 자가 패하는, 룰이 정해진 짜고 치는 고스톱이거든

박복 탓으로 알고 접었다

늘 신세만 지는 이 있어 신세 갚는다고 지면을 할애했더니
호사다마라고 사진이 빠진 얼굴 없는 빈 BOX만 박혀 있었다
은혜 갚음조차 분수 밖이란 말인가, 박복 탓으로 알고 접었다

따라 밟아볼까

고령화 속도 세계 1위 코리아, 빨리빨리 좋아하더니 이름값 했네
헌데 이름값과는 달리 경제민주화는 출발에서 멈춘 제자리걸음
걸음마 배우는 경제민주화, 언제 속보 고령화 발자국 따라 밟을지

살고 싶어야 인간이지

한밤중 심장발작에 처방전은 고작 콩알 만한 상비 양약 한 알

감사지졸이란 말 순 객기가 아니면 말짱 허사

죽고 싶단 놈은 미친놈, 미친놈 세상에 진짜 미친놈은 없데

※ 감사지졸(敢死之卒) : 죽기를 두려워하지 않음.

똥도 처먹을 놈이 위장이어서

살기 위해 먹건, 먹기 위해 살건, 위란 놈은 상관하지 않는다
씹지도 마시지도 못 하면서 괜히 마음이란 놈이 투정인데, 허긴
청심절욕의 마음이란 놈이 없으면 똥도 처먹을 놈이 위장이어서

※ 청심절욕(淸心節慾) : 맑은 마음으로 욕심을 억제함.

?만 보여서

미 오바마, 중 시진핑, 일 아베, 북 김정은 꿈 들여다보기
미 서해에 구축함 띄우기, 중 태평양에 해군기지 만들기
일 섬 엮어 띠두르기, 북 핵에 목숨 걸기

진구린내 못 면하거든

옛분들 일신진구라 하셨던데 왕 모르시는 말씀
육신의 때는 문질러 닦아내면 지워지지만
닦아도 닦여지지 않는 정신의 진구는 진구린내 못 면하거든

※ 일신진구(一身塵垢) : 한몸에 받은 먼지와 때라는 뜻으로 세속에 오염돼 더럽혀진 몸을 말함.

시는 피로 쓰는 것을

장미 가시에도 피 흘릴 줄 아는 육신의 정직을 배워라
창으로 찔러도 피 한방울 흘리지 않는 정신
어찌 정신으로 시를 쓸 수 있겠는가? 시는 피로 쓰는 것을

못 맞추는 조화

공슬여빙무변화심이라 했던가, 시린 무릎과 불같은 마음
시림으로 불을 지핌이니 얼음과 불의 조화가 아니던가
영육의 화음, 불협화음 정치로는 죽었다 깨어나도 못 맞추는 발음

※ 공슬여빙무변화심(工膝如氷無變火心) : 공부하는 무릎은 얼음과 같이 차지만 불과 같은 마음은 변함이 없다.

헌데 물 먹이다니

여로부터도 야로부터도 실패의 정권으로 열외취급 받은 MB정부
4대강 물막이로 물 채우더니 되레 물에 빠져 익사직전
야는 그렇다 쳐도 여는 한 물이 아니었던가? 헌데 물 먹이다니

면박·면박, 겹치기 면박

面駁은 면전에서 무안주기, 面縛은 두손 뒤로 묶고 앞보게 하기니
무슨 잘못이 그리 크기에 면박·면박 겹치기 면박일까?
아하, 그러고 보니 많이 듣던 귀에 익은 이름같기도 하네, 면박·면박

코리아의 길은 계경이니

북녘에선 3차 핵실험 성공, 이웃 일본은 극우파 정권 등장
G2 중국은 젊은 지도자 맞이로 제마다 대로행인데
그 틈새에서 나아가야할 코리아의 길은 경계 아닌 계경이니

※ 계경(蹊徑) : 좁은 소로

장난감 물총만도 못했다

투표는 탄환보다 강하다고 한 이는 링컨이다
매번 번번이 불발이거나 오준으로 빗나간 과녁
명중이란 단어가 없었던 내 방아쇠는 장난감 물총만도 못했다

청년백수 100만시대

검은 손들이 주무르는 세상에 흰 손으로 살아가는 백수
내 손이 희어서 슬프구나는 옛말, 지금은 검지 못해 슬픈 흰 손
흰 손에 피를 묻혀야 하나? 가죽장갑을 끼워야 하나, 그게 숙제로다

워낙들 춤에도 돈에도 잘 길들여져서

총리감이 마땅찮아 고심인 모양이던데, 실인즉
인물이 없어서가 아니라 조건에 맞는 인물이 없음이 아니던가
장수선무 다전선매라던데 워낙들 춤에도 돈에도 잘 길들여져서

※ 장수선무 다전선매(長袖善舞 多錢善善買) : 소매가 길어야 춤사위에
멋이 들고 밑천이 많아야 장사도 잘할 수 있다 함이니 무슨 일이나
조건이 갖추어져야 한다는 韓非子의 말.

허사 아닌가

대불핍인이라던데 옳은 말도 같고 틀린 말도 같다
공재공망 제대로 갖춘 인물 못 찾는걸 보면 고개 절로 갸우뚱대져
고개 끄덕여 맞을만한 정승감이 없다니 대불핍인 허사 아닌가

※ 대불핍인(代不乏人) : 시대마다 그때에 합당한 인물이 나서는 법이라는 뜻.

※ 공재공망(公才公望) : 정승이 될만한 재덕과 인망이 있음을 뜻함.

쯧쯧

인도가 그것에 눈을 떴는지, 뉴스마다 성범죄 못 면한다
눈도 눈뜰 것에 떠야지 아랫도리 꿈틀대면 정신 못 차려
정신적 해탈로도 못 차리는 정신 깨우지 못할 텐데 쯧쯧

칼로 저민 고깃덩인 것을

성형수술 세계에서 제일 많은 나라가 코리아라데
죄다 뜯어 고쳐버렸으니 삼신할멈도 못 알아볼 판
허긴 알아보면 뭘 하나, 칼로 저민 고깃덩인 것을

구린내 진동할밖에

청문회 지켜보면 웃겨, 누가 누굴 따져
영락없는 도둑이 매든 격이거든, 거기에 한술 더 떠
똥 묻은 개 재 묻은 개 나무라는 격이니 구린내가 진동할밖에

칼날은 막대기여서

산중의 도둑은 무찌르기 쉬우나 심중의 도둑은 무찌르기 어렵다데
산에는 도둑 없고 심중엔 도둑떼 숨겨 칼 갈고 있는 세상
장수된 자 칼을 뽑아야 하는데 칼집은 금이나 칼날은 막대기여서

불법관행이 법보다 더 잘 지켜지거든

잘나가는 사람치고 딴주머니 안찬 사람 없거든
안찬 게 아니라 안찰 수 없는 것이 딴주머니거든
상납도 수뢰도 관행, 불법 관행이 법보다 더 잘 지켜지거든

국민이 흘리는 피란 걸 알았으면

공식 항목에는 없지만 법적 항목보다 더 잘 지켜지는 것이 딴 봉투
따지고 보면 훔쳐 쓰는 도둑이나 매한가진데 절 받고 돈도 받거든
잘먹고 잘사는건 좋지만 그것이 국민이 흘리는 피란 걸 알았으면

동물 중의 동물이어서 그러지

니체 왈 사람은 망각하는 동물이라고 했던데
한국인 스스로가 한국인을 말할 때 "과거를 너무 빨리 잊는다"고
건망증때문이라고? 천만에, 동물 중의 동물이어서 그러지

유행에 항복 먼저 하데

어느 카이스트맨, 학교 떠나면서 남긴 말 "역사와 싸워라"
어느 시인 있어 예술인께 하는 말 "창조와 싸워라"
헌데 이 땅의 시인들, 싸우기도 전에 유행에 항복 먼저 하데

미국 상대해

북녘, 광명호와 나로호 이중 잣대로 평가했다고 분통
분통은 무슨, 잣대엔 진실과 허위의 두 눈금 있다는걸 알아야 해
두 눈금 다 읽을 줄 알아야 미국 상대해

입춘에

봄이 시작된다는 입춘에 대설주의보로 눈이 한자 높이
덩달아 생필품값 높이뛰기 즐기던데 떨어지는 것도 있다고?
뭔데? 수은주 눈금 추락사에 키재기 하던 APT 똥값

立春大吉 써 붙여야겠다

立春에 大雪, 굳이 立春大吉 안써 붙여도 좋을 것 같다
옛분들 처서에 비는 흉, 대설은 풍년의 길조라 안했던가, 허나
정치 · 경제 계절론 아득한 봄, 부적삼아 立春大吉 써 붙여야겠다

¿

어린이 · 노인에겐 복지연금, 대학생에겐 반값등록금
이만하면 살만한 복지국가 아닌가, 헌데 의문부 하나
받는 쪽이 아닌 돈 내는 쪽만 낚이는 거꾸로 걸린 의문부 낚싯바늘

NLL

NLL 없애려고 별짓 다해도 금 안 없어져
NLL을 No Nine으로 풀어도 L이 하나 더 남거든
고치고 지우고 없애도 Line은 남는다는 뜻이야

당 깨는 소리라면

NLL 없애려다 되레 금 긋지나 않을지
친노·비노 사이 쨍쨍 금가는 소리 들리거든
남북 얼음장 녹는 소리였으면 좋았으련만 당 깨는 소리라면

육신이 병들어설까? 세상이 병들어설까?

피검사를 위해 채혈실에 들어선 것이 8시, 접수넘버 167번
아침부터 이 지경이면 하루에 몇 백 명씩이나 피를 뽑을까?
병원 밖이 온통 발병지대, 육신이 병들어설까? 세상이 병들어설까?

신념과 철학이 무슨 소용

강류석부전도, 철학자의 가치로 결정하는 정치철학도 좋지만
대세의 흐름에 역행하거나 외면, 자의적 결정에만 의존하다
나랏일 그르쳐 백성원성 사면 신념과 철학이 무슨 소용

※ 강류석부전(江流石不轉) : 흐르는 물속에서도 돌은 움직이지 않는다는 말로 유행이나 대세에 좀처럼 휩쓸리지 않는다는 뜻.

왜? 안 행복하죠

철학자가 우두머리다, 우두머리가 철학자인 나라는 행복하다
나랏님 걸핏하면 내 정치철학 정치철학 해쌌던데
플라톤 선생님, 철학자 우두머리로 모셨는데 왜? 안 행복하죠

거짓말 하는 기술

감으로 하는 정치, 철학으로 하는 정치, 오기로 하는 정치
한수가 부족한 정치 9단의 정치술인데 남은 한술은 무엇일까?
기술이지, 무슨 기술이냐고? 거짓말 하는 기술

큰 코 다쳐

여야 내미는 악수 뒤엔 정치악수론 못 푸는 惡手가 숨어 있어
정치 9단들 손엔 비단장갑 아니면 가죽장갑이 끼워 있거든
정 건네는 맨손으로 알았다간 큰 코 다쳐

정치독본 군주론

민중을 다스리기 위해선 항시 전쟁을 준비하라
결코 가난에서 해방시키지 말라고 외친 마키아벨리즘
명언이로다, 현금에도 딱 들어맞는 군주론은 정치독본이거든

핵가닥 가기 아니면 나자빠지는 수가 있어

핵 좋아하다 핵가닥 가는 수가 있어
공갈 일삼다 갈공막대 맞아 나자빠지는 수가 있어
말이 씨 된다고 뿌린대로 핵가닥 가기 아니면 나자빠지는 수가 있어

정치에서 즐겨쓰데

상생은 더불어 함께 살자함이니 때론 스스로를 희생할 수도
헌데 희생은커녕 서로 희생만 요구, 상쇄만도 못한데
애국 · 애족만이 가능한 말씀을 거짓말 일삼는 정치에서 즐겨쓰데

버티기 청문회학

버티고 버텨라, 끝까지 버텨라, 창피하건 억울하건 버텨라
포기하면 끝장, 살아남고 싶거든 버티고 또 버텨라
대학원 박사과정에도 없는 출세비결 버티기 청문회학

아닐지?

복지예산 마련 위해 증세 불가란 나랏님 말씀
말씀관 달리 백성들은 증세 불가피라고 '피'자 더 붙이던데
혹여 그 '피'자가 국민혈세란 뜻인지, 피 하고 비웃는 건지

두 얼굴

불바다 운운하며 굳은 얼굴관 달리 만면에 웃음 띤 북녘 김위원장
갈공 휘두르기엔 젊고, 불바다 운운하기엔 뜨거운 맛 본 적 없으니
휘두르는 막대 갈공이냐? 공갈이냐? 그것이 문제와 답인 두 얼굴

뒷걸음치는 남북통일

서해에선 한·미 합동군사훈련, 동해에선 북한 합동군사훈련

한반도가 무슨 군사훈련장인가? 전쟁놀이 즐기게

포 한방 터질 때마다 뒷걸음질로 물러서는 남북통일

행복의 씨앗이 되거든

사랑이 무어냐고 물으신다면 불행의 씨앗이라고 말하겠어요
무슨 웃기는 유행가냐고? 천만에
불행은 반성의 씨앗, 해서 불행한 사랑의 반성은 행복의 씨앗이 되거든

고달파서 그랬지

거짓말·속임수 잘 쓰는 영리한 정신이란 놈
거짓말·속임수 쓸 줄 모르는 미련한 육체란 놈
달리 고해라 했겠나, 정신과 육체의 동거 고달파서 그랬지

의원 연수시켰으면

정치의 기본은 타협이라던데, 정부조작법 다루는 국회 보면
부달시변에 어리석음의 으뜸인 편견도 모자라 불통까지
정치기본 타협학 가르치는 강좌 국회에 개설, 의원 연수시켰으면

※ 부달시변(不達時變) : 완고하여 변동이 없음.

거치지 않는 전운

G2 그늘 못 면한 한반도, 언제나 볕들 날 찾아오려나
배운 것이 도둑질이라고 어깨너머로 배운 대권주의 교과서대로
전쟁놀이 즐겨야 사랑받는, 그늘보다 짙은 거치지 않는 전운

착각한 건 아닐지?

북녘 김위원장 망원경에 눈대고 구경 즐기시던데 무슨 구경일까?
필시 활활 타는 남녘 불바다 아니었을까? 칼은 칼로
불은 불로 망한다던데 핵놀음을 프로메테우스로 착각한 건 아닐지?

시인들은 언어의 사용법을 모른다

꽃은 빛깔로 말하고, 나무는 몸짓으로, 바람은 소리로 말한다
미술은 색깔, 영화는 몸짓, 음악은 소리로 말함이 無爲와 같다
허면 詩는? 시는 언어로 말하지만 시인들은 언어의 사용법을 모른다

한편도 행복은 나눠주지 못한다

지하철역 방호유리벽마다 시가 도배하듯 씌어져 있다
시를 사랑하는 나라, 시인들은 행복하겠다
허나, 행복한 시인들의 시는 한편도 행복은 나눠주지 못한다

•

박진환 시인은 전남 해남 출신으로 동국대 국문학과를 거쳐 중앙대 대학원을 졸업(문학박사)했다. 1960년 동아일보 신춘문예(詩)·1963년 自由文學(문학평론)으로 문단에 데뷔했고, 국제PEN한국본부 사무국장 및 이사, 한국문협 고문을 역임했다. 제9회 시문학상, 제3회 비평문학상, 펜문학상, 윤동주문학상 등을 수상했고, 한서대학교 교수 및 예술대학원장을 역임했으며 현재 월간『조선문학』발행인 겸 주간으로 있다. 중요 저서로는 시집에『귀로』,『사랑법』,『꽃시집』,『三行詩抄』Ⅰ~Ⅺ『諷詩調』,『박진환시전집』Ⅰ·Ⅱ·Ⅲ·Ⅳ·Ⅴ,『物神時代』Ⅰ·Ⅱ·Ⅲ·Ⅳ·Ⅴ,『동굴일지』Ⅰ·Ⅱ·Ⅲ·Ⅳ·Ⅴ,『2012년 8월』에서『2013년 7월』까지 51권의 시집이 있고 평론집으로『한국현대시인론』,『현대시론』,『21C시학과 시법』등 다수와『한국시의 공간구조연구』,『21C 시학』,『시창작론』,『諷詩調詩學』외 다수의 역저가 있다.

•

조선문학시인선 342

諷 詩 調 · 27

2013년 1월

2013년 7월 20일 인쇄
2013년 7월 30일 발행

지은이 / 박진환
발행인 / 박진환
펴낸곳 / 조선문학사
등록번호 / 1-2733
주소 / 110-092 서울 서대문구 홍제2동 96-4
전화 / 02-730-2255
팩스 / 02-723-9373

ISBN 978-89-98115-23-4

정가 10,000원